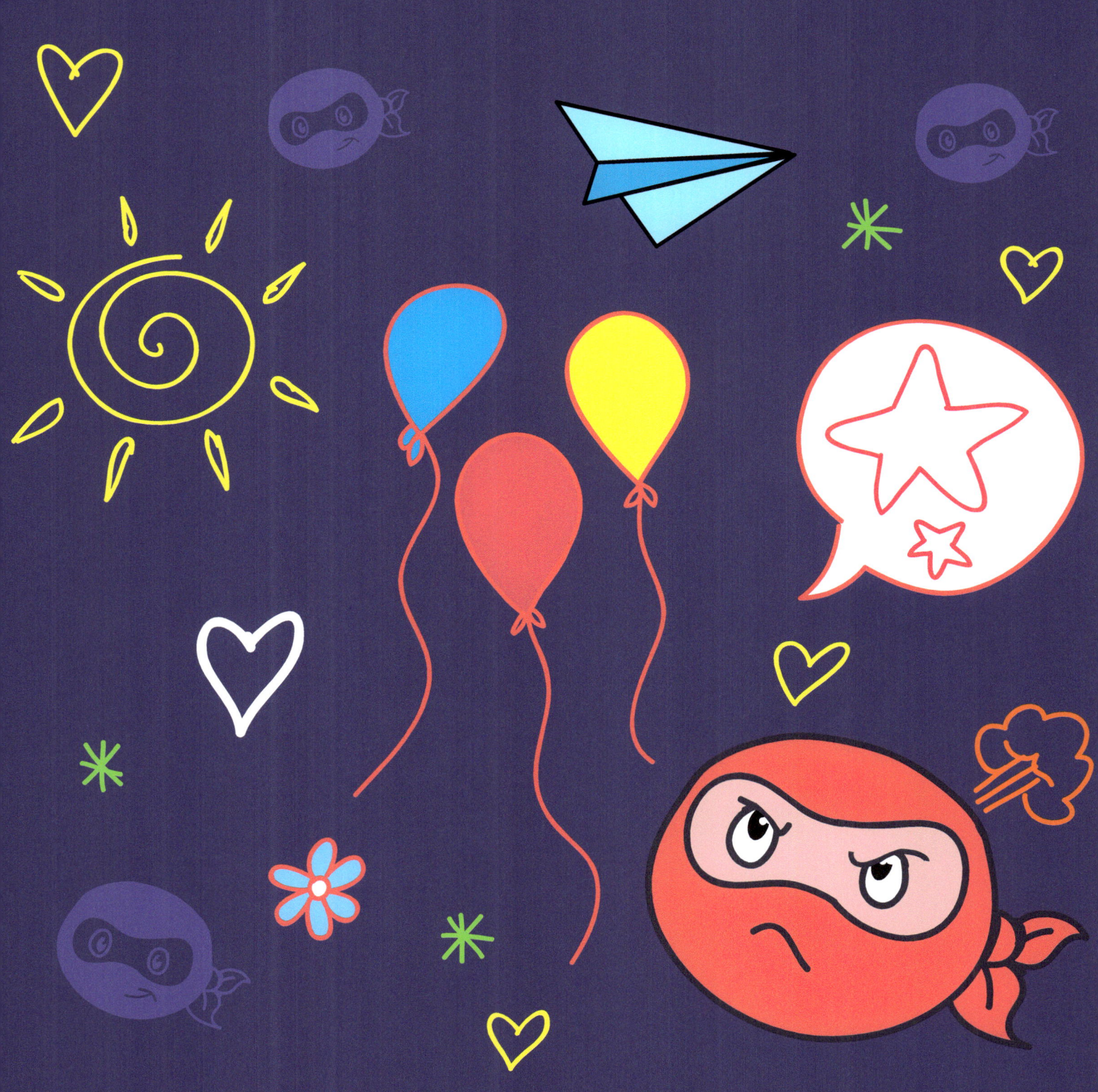

Este libro es dedicado a mis hijos- Mikey, Kobe y Jojo.

Copyright © Grow Grit Press LLC. Todos los derechos reservados. Ninguna parte de este libro puede ser reproducida en ninguna forma sin el permiso por escrito de la editorial. Por favor, envie solicitudes de pedido al por mayor a info@ninjalifehacks.tv Impreso y encuadernado en los Estados Unidos. NinjaLifeHacks.tv
Paperback ISBN: 978-1-63731-508-8
Hardcover ISBN: 978-1-63731-509-5

Ninja Life Hacks™

La Ninja Oyente

Por Mary Nhin

¡Algunos dicen que soy una gran oyente! ¿Cómo te conviertes en una gran oyente, me preguntas?

Bueno, a veces, tienes que empezar por ser una mala oyente. Eso es lo que me pasó a mí...

Cuando alguien me decía algo importante, no podía recordar lo que acababan de decir porque realmente no entendía de lo que hablaba la otra persona.

Cuando alguien me hablaba de algo, yo interrumpía y decía lo que estaba pensando. Esto no permitía que la otra persona terminara su pensamiento u oración.

Mis habilidades auditivas solo mejoraron después de un incidente en particular.
Bueno... ¡limpiar mis oídos también ayudó!!

Ocurrió un sábado por la tarde. La Ninja de la Comunicación vino para hornear un pastel.

Mientras que la Ninja de la Comunicación batía el azúcar y la mantequilla, yo le hablaba de mis habilidades culinarias.

Un E.M.H.R. significa:

Escucha más, habla menos
Mantén contacto visual
Haz preguntas
Repite lo que has oído

Escuchar

Cuando escuchamos más de lo que hablamos, aprendemos. Cuanto más aprendemos, mejor podemos ayudar a la otra persona. Si escuchamos el doble de lo que hablamos, o usamos una relación de hablar/escuchar de 2:1, nosotros somos los que estamos ganando.

Solo aprendemos de nosotros mismos cuando hablamos sin parar, pero aprendemos de los demás cuando escuchamos con atención.

Mantener el contacto visual

Cuando hacemos contacto visual con la otra persona, mostramos respeto y prestamos mejor atención.

Hacer preguntas

Hacer preguntas ocasionales nos ayuda a entender lo que la otra persona está diciendo.

Repite lo que has oído
Es bueno repetir lo que la otra persona está diciendo solo para asegurarte de que entendiste.

Al día siguiente, mi mamá me contaba una historia sobre mi abuelito. Enfoqué mis ojos en mi ella y tomé la decisión de escuchar más de lo que hablaba.

Mi mamá continuó la historia mientras yo hacía un par de preguntas y repetía lo que había oído.